PETITES VARIATIONS ORIGINALES

COLS

Agathe de Frayssinet-Orhan

LE TEMPS APPRIVOISÉ

LES BASES DE LA COUTURE

LE PETIT MATERIEL

LES CISEAUX DROITS ET CISEAUX CRANTEURS
N'hésitez pas à investir dans une paire de ciseaux de qualité pour tissu, vous gagnerez en précision et confort. Les ciseaux cranteurs serviront à cranter le surplus de tissu après couture.

LES AIGUILLES
Elles sont à adapter selon l'épaisseur de tissu et le titrage du fil. Pour coudre des boucles d'attache en cuir (comme le col victorien p. 14), utilisez une aiguille spéciale cuir.

LE FIL A COUDRE
Choisissez des couleurs de fils dans la tonalité du tissu choisi, de qualité similaire à votre tissu (fil coton pour tissu en coton...) et de titrage adapté à votre tissu. Utilisez le même fil dans le fil de la canette pour éviter des problèmes de tension.

LE PAPIER GABARIT
Il doit être fin pour pouvoir voir à travers, mais suffisamment solide pour pouvoir être épinglé.

LA CRAIE POUR TISSU
Elle sert à reporter le gabarit papier et les indications de couture sur le tissu. Vous pouvez également utiliser un feutre textile.

LE FER A REPASSER
C'est une vraie aide à la couture ! N'hésitez pas à vous en servir tout du long de votre ouvrage. Pour repasser les tissus avant de tracer les gabarits, pour ouvrir les coutures sur l'envers, pour marquer les plis avant une couture, pour marquer les plis décoratifs, pour poser un tissu thermocollant...
Pensez à bien régler la température en fonction du type de tissu.

LES TISSUS

LES TISSUS NATURELS
Avant de débuter votre ouvrage, il est conseillé de laver les tissus naturels (coton, lin) car ils ont tendance à rétrécir et ont souvent une couche d'apprêt en surface.

LES TISSUS FINS ET TRANSPARENTS
Pour les tissus trop fins comme la soie, n'hésitez pas à poser préalablement de la toile thermocollée pour faciliter la couture et donner de la tenue à votre tissu. Pour les tissus un peu transparents comme le voile de coton, une toile thermocollée blanche (ou noire) évitera de voir les coutures par transparence.

LES TISSUS EPAIS
Adaptez l'aiguille de la machine à coudre selon l'épaisseur du tissu. C'est le cas également quand vous avez plusieurs tissus superposés.

LES MATIERES SPECIALES
Il est préférable de découper à cru les matières comme la fourrure ou la dentelle.

LE GABARIT

Agrandissez le gabarit à 200 % à la photocopieuse, puis découpez-le.
Décalquez au crayon sur le papier gabarit, copiez en miroir depuis la ligne de pliure indiquée pour avoir la forme complète du col (sauf le col asymétrique qui est entier) et découpez sur le trait.

LA COUPE DU TISSU

Positionnez le gabarit papier sur le tissu avec des épingles en tenant compte du droit-fil indiqué sur le gabarit. Le droit-fil d'un tissu (c'est-à-dire son sens) se reconnaît car il est perpendiculaire aux lisières.
Tracez le contour avec de la craie pour tissu, puis découpez en ajoutant toujours une marge de 1 cm pour les coutures.

LA COUTURE A LA MAIN

LE POINT GLISSE (COUTURE INVISIBLE)
Il sert à fermer les ouvrages sur l'endroit sans que les coutures ne soient apparentes.
1 Rabattez les bords non cousus, repassez pour marquer les plis l'un contre l'autre et épinglez si l'ouverture est un peu longue.
2 Sur un des deux côtés, glissez l'aiguille dans le pli formé, ressortez-la, puis repiquez dans le pli de l'autre côté pour que le point soit parallèle au premier point et ressortez l'aiguille, toujours dans la pliure.
3 Continuez de cette façon, en alternant les points en face à face de chaque côté. Effectuez toujours des petits points et soyez constante dans leur longueur. Terminez par un point d'arrêt discret.

LA COUTURE A LA MACHINE

Il est conseillé de faire quelques essais sur des chutes du tissu choisi pour effectuer les réglages de la machine : longueur de point, tension...

LE POINT DROIT

C'est le point de base utilisé dans tous les modèles de ce livre. Il faut effectuer quelques points arrière au début et à la fin de la couture pour la consolider. Ensuite, recoupez les surplus de tissu avec des ciseaux cranteurs à 0,5 cm de la couture, puis retournez l'ouvrage sur l'endroit.

FORMER DES ANGLES

Pour former un angle droit, coupez la pointe de l'angle à 45 % dans le surplus de tissu avant de retourner l'ouvrage sur l'endroit.

COUDRE EN ARRONDI

Effectuez la couture un peu plus lentement pour bien suivre l'arrondi du col. Crantez les courbes avec des ciseaux droits dans le surplus de tissu : faites des petites fentes à intervalles réguliers jusqu'à 0,1 cm de la couture le long de la courbe pour assouplir la couture et éviter les plis sur l'endroit. Recoupez ensuite les surplus de tissu avec des ciseaux cranteurs à 0,5 cm de la couture et retournez l'ouvrage sur l'endroit.

LA POSE D'UN PASSEPOIL

Le passepoil se positionne entre 2 épaisseurs de tissu et se coud en 2 étapes : d'abord sur une 1re épaisseur de tissu, puis on ajoute la 2de.

1 Posez et épinglez le bord du passepoil contre le bord du tissu, endroit du passepoil contre endroit du tissu (le passepoil présente aussi un endroit et un envers, ce dernier se reconnaissant à sa double couture apparente). La partie « cordelette » est positionnée vers l'intérieur de l'ouvrage. Piquez ensuite sur la double couture apparente du passepoil.

2 Retournez l'ouvrage, face envers vers vous (passepoil dessous), puis épinglez-le sur la 2de épaisseur de tissu bord à bord, endroit contre endroit. Repiquez exactement sur la 1re couture pour être sûre de bien suivre le passepoil. Retournez et repassez.

3 Pour une jolie finition et pour éviter les surépaisseurs aux coutures d'arrêt, coupez le passepoil à la longueur nécessaire en ajoutant 2 cm. Tirez le coton à l'intérieur du passepoil sur 1 cm à chaque extrémité et coupez-le. Rabattez bien les bords qui se retrouvent donc un peu aplatis aux extrémités.

LA POSE D'UN CROQUET

Choisissez un croquet assez large pour qu'il soit bien pris dans la couture. Il sera cousu entre 2 épaisseurs de tissu. Pour vérifier son placement délicat, on le coud en 2 étapes : d'abord sur une 1re épaisseur de tissu, puis on ajoute la 2de.

1 Posez et épinglez-le sur l'endroit du 1er tissu, en alignant la médiane des courbes du croquet à la ligne du gabarit. Piquez tout le long sur les 2 épaisseurs.

2 Retournez l'ouvrage, face envers vers vous (croquet dessous), puis épinglez sur la 2de épaisseur de tissu bord à bord, endroit contre endroit.

3 Repiquez exactement sur la 1re couture pour être sûre de bien suivre le croquet. Retournez et repassez.

LA POSE D'UN GALON A PAILLETTES

Repérez les indices de placement sur le gabarit et tracez à la craie les lignes de position avec une règle. Épinglez les rubans en suivant ces lignes, puis piquez tout du long sur les 2 lisières du ruban.

LA POSE D'UN GALON A FRANGES

Coupez le galon à franges à la bonne longueur. Posez et épinglez-le sur l'endroit du 1er tissu en alignant la médiane du galon à la ligne du gabarit. N'oubliez pas de positionner les franges vers l'intérieur de l'ouvrage pour ne pas les prendre dans la couture.

1 Rabattez les extrémités vers le bord du tissu pour que cela ne dépasse pas ensuite. Puis épinglez la 2de épaisseur de tissu bord à bord, endroit contre endroit (envers vers vous).

2 Piquez tout le long sur les 3 épaisseurs. Retournez et repassez.

LES ATTACHES

LE RUBAN

Selon la matière de votre ruban, si vous pensez qu'il risque de s'effilocher, faites une petite couture en repliant le bord.

LES BOUTONS ET LES CORDONS

N'hésitez pas à doubler le fil de votre aiguillée pour que la couture soit plus solide.

LES ATTACHES EN CUIR

Utilisez une aiguille spéciale cuir.

LE COL CLAUDINE

MENTHOLE

MODELE 1 MES EMPLETTES

• A

30 x 50 cm de coton bleu turquoise à pois blancs

• B

30 x 50 cm de coton vichy bleu turquoise

• 2 x 30 cm de ruban vert clair

CERISE

MODELE 2 MES EMPLETTES

• A

30 x 50 cm de coton imprimé cerise

• B

30 x 50 cm de lin rouge

• 2 x 30 cm de cordon rouge

REGLISSE

MODELE 3 — MES EMPLETTES

• A

30 x 50 cm de coton gris à étoiles noires

• B

30 x 50 cm de coton chambray gris

• 2 x 30 cm de cordon rose fluo

PETIT MATERIEL

Ciseaux droits, ciseaux cranteurs, aiguille et fil à coudre, craie pour tissu, crayon et papier pour le gabarit et fer à repasser.

PAS A PAS

LA COUPE

1. Recopiez sur du papier le gabarit en le copiant en miroir depuis la ligne de pliure indiquée pour avoir la forme complète du col (voir page suivante). Découpez la forme.
2. Épinglez le gabarit sur le tissu A, tracez le tour avec la craie et reportez l'emplacement des rubans.
3. Coupez le tissu en laissant 1 cm supplémentaire tout autour, cela vous servira pour la couture.
4. Procédez de la même manière pour le tissu B.

L'ASSEMBLAGE

1. Superposez les 2 tissus A et B endroit contre endroit.

2. Épinglez les 2 tissus. Glissez tout le ruban (sauf 1,5 cm) aux 2 emplacements indiqués sur le gabarit. Pour être sûre de ne pas prendre malencontreusement la longueur de ruban dans une couture, enroulez-la sur elle-même et maintenez-la épinglée le temps de coudre.

3. Cousez tout le tour sauf 8 cm sur le bord arrière.

ASTUCE

Ce col étant réversible, amusez-vous à le porter des 2 côtés !

4. Coupez avec des ciseaux cranteurs le surplus de tissu à 0,5 cm de la couture que vous venez de faire et retournez le col sur l'endroit. Formez bien les bords et les angles avec un crayon pas trop pointu ou une grosse aiguille à tricoter et repassez.

5. Repliez vers l'intérieur les 2 bords de tissu non cousus et faites à la main un point de couture invisible pour terminer le col.

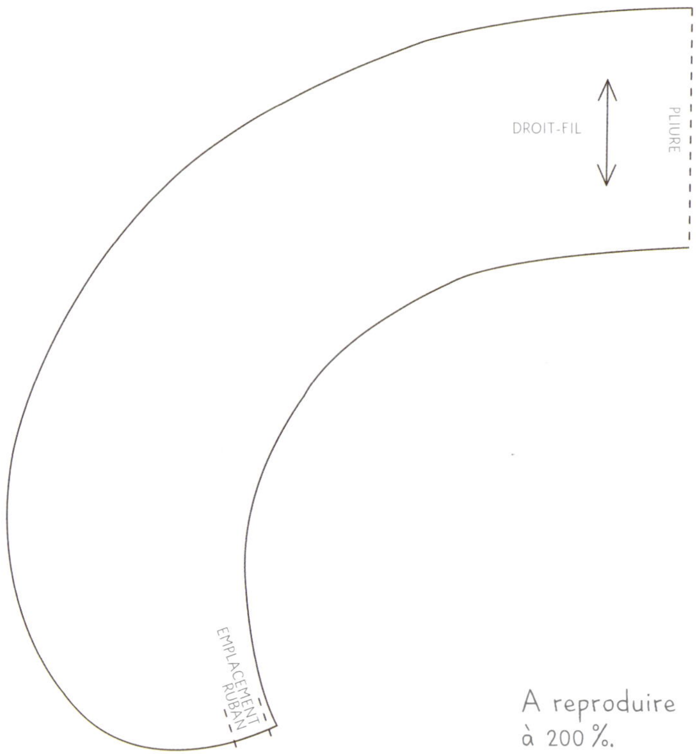

A reproduire à 200 %.

LE COL DOUBLE

DORE SUR TRANCHE

MODELE 1 — MES EMPLETTES

- A

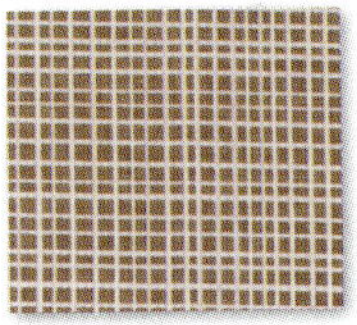

30 x 50 cm de coton beige petit quadrillé

- B

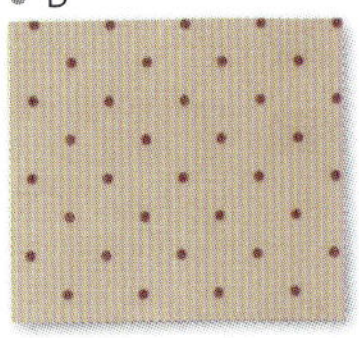

30 x 50 cm de coton beige à petits pois marron

- 10 cm de cordon mordoré
- 1 bouton de 1,5 cm de diamètre
- 80 cm de croquet lurex doré

CHINATOWN

MODELE 2 — MES EMPLETTES

- A

30 x 50 cm de coton rose imprimé dragon

- B

30 x 50 cm de lin anis

- 10 cm de cordon rose
- 1 bouton de 1,5 cm de diamètre
- 80 cm de croquet rose fluo

HIRONDELLES

MODELE 3 — MES EMPLETTES

• A

30 x 50 cm de plumetis noir

• B

30 x 50 cm de coton imprimé hirondelle

- 10 cm de cordon noir
- 1 bouton de 1,5 cm de diamètre
- 80 cm de croquet noir

PETIT MATERIEL

Ciseaux droits et ciseaux cranteurs, aiguille et fil à coudre, craie pour tissu, crayon et papier pour le gabarit et fer à repasser.

PAS A PAS

LA COUPE

1. Recopiez sur du papier le gabarit n° 1 en le copiant en miroir depuis la ligne de pliure indiquée pour avoir la forme complète du col (voir page 47). Découpez la forme.

2. Épinglez le gabarit n° 1 sur le tissu A, tracez le tour avec la craie et reportez l'emplacement du cordon.

3. Coupez le tissu en laissant 1 cm supplémentaire tout autour, cela vous servira pour la couture.

4. Reproduisez l'opération une 2de fois, toujours avec le tissu A.

5. Procédez 2 fois de la même manière pour le gabarit n° 2 sur le tissu B.

L'ASSEMBLAGE

1 Pour le col supérieur fait avec le tissu A, superposez les 2 formes de col endroit contre endroit, puis épinglez-les en glissant le morceau de cordon dans l'angle de gauche à l'intérieur.

2 Cousez tout le tour sauf 8 cm sur le bord arrière de l'encolure.

3 Coupez avec des ciseaux cranteurs le surplus de tissu à 0,5 cm de la couture que vous venez de faire et retournez le col sur l'endroit. Formez bien les bords et les angles avec un crayon pas trop pointu ou une grosse aiguille à tricoter et repassez.

4 Repliez vers l'intérieur les 2 bords de tissu non cousus et faites à la main un point de couture invisible.

5 Cousez le bouton en vis-à-vis du cordon.

6 Pour le col inférieur fait avec le tissu B, épinglez le croquet sur une face endroit, sauf au niveau de l'encolure, puis cousez à cheval sur la ligne de gabarit tracée à la craie.

7 Superposez les 2 formes de col de tissu B endroit contre endroit, épinglez et cousez sur la ligne de couture du croquet. Tout le tour est cousu sauf 8 cm sur le bord arrière de l'encolure.

8 Coupez avec des ciseaux cranteurs le surplus de tissu à 0,5 cm de la couture que vous venez de faire et retournez le col sur l'endroit. Formez bien les bords et les angles avec un crayon pas trop pointu ou une grosse aiguille à tricoter et repassez.

9 Repliez vers l'intérieur les 2 bords de tissu non cousus, faites à la main un point de couture invisible et assemblez les 2 cols par une couture invisible tout le long de l'encolure.

LE COL VICTORIEN

BOMBAY EXPRESS

MODELE 1 — MES EMPLETTES

- A

20 x 50 cm de lainage roux

- B

20 x 50 cm de coton imprimé géométrique

- 1 attache à boucle en cuir gris-bleu

ORIENT EXPRESS

MODELE 2 — MES EMPLETTES

- A

20 x 50 cm de damassé bleu canard

- B

20 x 50 cm de coton imprimé fleur

- 1 attache passementerie à brandebourg

TRANSSIBERIEN

MODELE 3

MES EMPLETTES

• A

20 x 50 cm de fausse fourrure marron

• B

20 x 50 cm de soie imprimé rétro

• 1 attache à boucle en cuir beige

PETIT MATERIEL

Ciseaux droits, ciseaux cranteurs, aiguille et fil à coudre, craie pour tissu, crayon et papier pour le gabarit et fer à repasser.

PAS A PAS

CONSEIL

Pour les attaches en cuir des modèles 1 et 3, utilisez une aiguille spéciale cuir.

LA COUPE

1. Recopiez sur du papier le gabarit en le copiant en miroir depuis la ligne de pliure indiquée pour avoir la forme complète du col (voir page suivante). Découpez la forme.

2. Épinglez le gabarit sur le tissu A et tracez le tour avec la craie.

3. Coupez le tissu en laissant 1 cm supplémentaire tout autour, cela vous servira pour la couture.

4. Procédez de la même manière pour le tissu B.

ASTUCE

Pour les tissus de doublure trop fins comme la soie (modèle 3), n'hésitez pas à poser préalablement de la toile thermocollée pour faciliter la couture. Le col se tiendra également mieux.

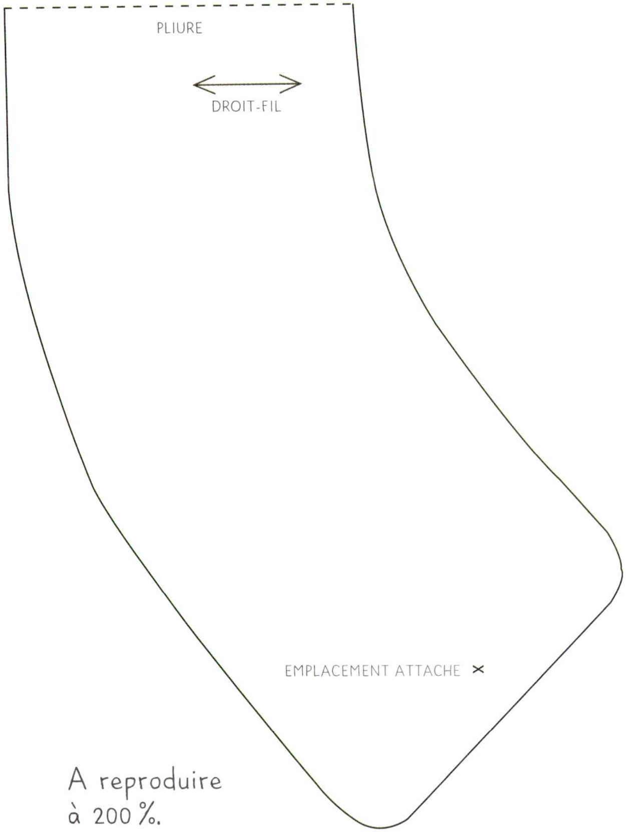

A reproduire à 200 %.

L'ASSEMBLAGE

1. Superposez les 2 formes de col de tissus A et B endroit contre endroit, épinglez et cousez le pourtour sauf 8 cm.

2. Coupez avec des ciseaux cranteurs le surplus de tissu à 0,5 cm de la couture que vous venez de faire et retournez le col sur l'endroit. Formez bien les bords et les angles avec un crayon pas trop pointu ou une grosse aiguille à tricoter et repassez si besoin selon la matière utilisée.

3. Repliez vers l'intérieur les 2 bords de tissu non cousus et faites à la main un point de couture invisible.

4. Cousez les attaches à la main en doublant le fil.

LE COL PLISSE

CIEL NUAGEUX

MODELE 1 — MES EMPLETTES

• A

40 x 50 cm de coton gris à petits carreaux

• B

40 x 50 cm de plumetis blanc

• 2 x 30 cm de ruban satin gris à pois blancs

CIEL ETOILE

MODELE 2 — MES EMPLETTES

• A

40 x 50 cm de coton blanc à étoiles bleues

• B

40 x 50 cm de coton imprimé nuage

• 2 x 30 cm de ruban coton bleu ciel à étoiles grises

CIEL NOCTURNE

MODELE 3

MES EMPLETTES

• A

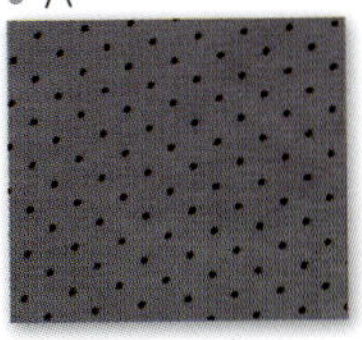

40 x 50 cm de coton gris foncé à pois noirs

• B

40 x 50 cm de coton faux-uni violet

• 2 x 30 cm de ruban lurex noir

PETIT MATERIEL

Ciseaux droits, ciseaux cranteurs, aiguille et fil à coudre, craie pour tissu, crayon et papier pour le gabarit et fer à repasser.

PAS A PAS

LA COUPE

1. Recopiez sur du papier le gabarit en le copiant en miroir depuis la ligne de pliure indiquée pour avoir la forme complète du col (voir page 47). Découpez la forme.

2. Épinglez le gabarit sur le tissu A, tracez le tour avec la craie et reportez l'emplacement des rubans.

3. Coupez le tissu en laissant 1 cm supplémentaire tout autour, cela vous servira pour la couture.

4. Procédez de la même manière pour le tissu B.

L'ASSEMBLAGE

1 Superposez les 2 tissus A et B endroit contre endroit.

2 Épinglez les 2 tissus. Glissez tout le ruban (sauf 1,5 cm) aux 2 emplacements indiqués sur le gabarit. Pour être sûre de ne pas prendre malencontreusement la longueur de ruban dans une couture, enroulez-la sur elle-même et maintenez-la épinglée le temps de coudre.

3 Cousez les 2 côtés et le bas du col. Vous ne fermerez le col qu'à l'étape 6 après avoir fixé les plis.

4 Coupez avec des ciseaux cranteurs le surplus de tissu à 0,5 cm de la couture que vous venez de faire et retournez le col sur l'endroit. Formez bien les bords et les angles avec un crayon pas trop pointu ou une grosse aiguille à tricoter et repassez.

5 En prenant les 2 tissus, marquez les plis avec des épingles depuis le haut du col jusqu'au bas préalablement cousu. Aidez-vous des repères indiqués sur le gabarit : les lignes pointillées sont la « crête » des plis, les lignes pleines sont le creux des plis. Repassez pour les fixer.

6 Repliez vers l'intérieur les 2 bords non cousus, épinglez en respectant les plis préalablement marqués au fer, puis cousez tout le long en prenant bien les épaisseurs de plis sur l'endroit et l'envers.

LE COL DECALE

COTE ECOLE

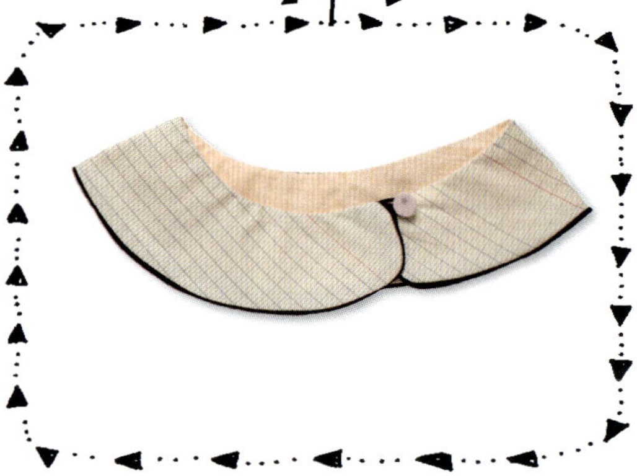

MODELE 1

MES EMPLETTES

• A

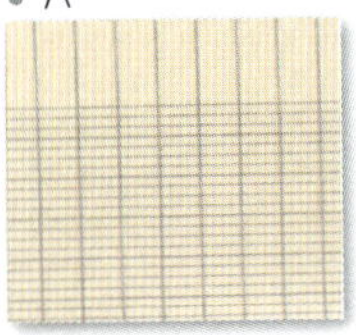

40 x 50 cm de coton imprimé cahier

• B

40 x 50 cm de coton faux-uni rose

- 80 cm de passepoil noir
- 10 cm de cordon noir
- 1 bouton de 1 cm de diamètre

COTE JARDIN

MODELE 2

MES EMPLETTES

• A

40 x 50 cm de lin vert pomme

• B

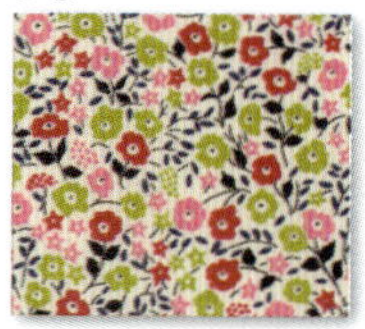

40 x 50 cm de Liberty rose et vert

- 80 cm de passepoil rose fluo
- 10 cm de cordon rose
- 1 bouton de 1 cm de diamètre

COTE TERRE

MODELE 3 — MES EMPLETTES

- A

40 x 50 cm de plumetis kaki

- B

40 x 50 cm de coton taupe à pois marron

- 80 cm de passepoil doré
- 10 cm de cordon doré
- 1 bouton de 1 cm de diamètre

PETIT MATERIEL

Ciseaux droits, ciseaux cranteurs, aiguille et fil à coudre, craie pour tissu, crayon et papier pour le gabarit et fer à repasser.

PAS A PAS

LA COUPE

1. Recopiez sur du papier le gabarit (voir page 47).

2. Découpez la forme reproduite sur votre papier et épinglez-la sur le tissu A. Tracez le tour avec la craie et indiquez l'emplacement du cordon.

3. Coupez le tissu en laissant 1 cm supplémentaire tout autour, cela vous servira pour la couture.

4. Procédez de la même manière pour le tissu B.

L'ASSEMBLAGE

1. Épinglez le passepoil sur l'endroit du tissu A, la partie ronde vers l'intérieur du col et la ligne de couture du passepoil à cheval sur la ligne de gabarit tracée à la craie. Cousez tout du long.

2. Superposez les 2 tissus A et B endroit contre endroit, puis épinglez en glissant le morceau de cordon dans un des angles comme indiqué sur le gabarit.

3. Cousez tout le tour en vous alignant sur la 1re couture du passepoil et en laissant 8 cm non cousus sur le bord arrière.

4. Coupez avec des ciseaux cranteurs le surplus de tissu à 0,5 cm de la couture que vous venez de faire et retournez le col sur l'endroit. Formez bien les bords et les angles avec un crayon pas trop pointu ou une grosse aiguille à tricoter et repassez.

5. Repliez vers l'intérieur les 2 bords de tissu non cousus et faites à la main un point de couture invisible.

6. Cousez le bouton en vis-à-vis du cordon.

ASTUCE

Vous pouvez faire ce col sans passepoil.

LE COL POINTU

JANIS

MODELE 1 — MES EMPLETTES

- A

30 x 50 cm de coton jaune imprimé graphique

- B

40 x 120 cm de coton broderie anglaise

- 1 bouton de 1 cm de diamètre
- des boutons-pressions
- 12 clous thermocollants

CALAMITY

MODELE 2 — MES EMPLETTES

- A

30 x 50 cm de lin lamé argent

- B

40 x 120 cm de coton moutarde à étoiles argentées

- 1 bouton de 1 cm de diamètre
- des boutons-pressions
- 2 étoiles à griffes

ARETHA

MODELE 3

MES EMPLETTES

• A

30 x 50 cm de lin framboise

• B

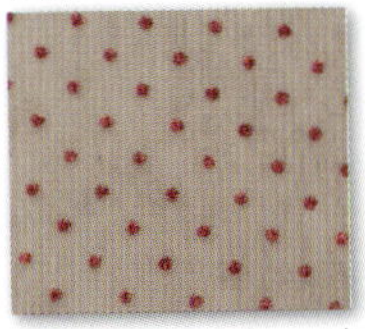

40 x 120 cm de voile gris plumetis rouge

- 1 bouton de 1 cm de diamètre
- des boutons-pressions
- 2 strass thermocollants

PETIT MATERIEL

Ciseaux droits, ciseaux cranteurs, aiguille et fil à coudre, craie pour tissu, crayon et papier pour le gabarit et fer à repasser.

PAS A PAS

LA COUPE

1. Recopiez sur du papier les gabarits n°1 et n°2 en les copiant en miroir depuis les lignes de pliure indiquées pour avoir la forme complète du col et du pied de col (voir page 46). Découpez les formes.

2. Épinglez le gabarit n°1 sur le tissu A et tracez le tour avec la craie.

3. Coupez le tissu en laissant 1 cm supplémentaire tout autour, cela vous servira pour la couture.

4. Reproduisez l'opération une 2de fois, toujours avec le tissu A.

5. Procédez de la même manière pour le gabarit n°2 sur le tissu A.

6. Recopiez sur du papier le gabarit n° 3 (voir page 46). Découpez.

7 Épinglez ce gabarit n° 3 sur le tissu B et tracez le tour avec la craie.

8 Coupez le tissu en laissant 1 cm supplémentaire tout autour, cela vous servira pour la couture.

9 Reproduisez l'opération une 2de fois, toujours avec le tissu B.

L'ASSEMBLAGE

LE COL

1 Pour former les pointes du col : superposez les 2 formes de col endroit contre endroit, épinglez et cousez les 2 côtés et le haut.

2 Coupez avec des ciseaux cranteurs le surplus de tissu à 0,5 cm de la couture que vous venez de faire et retournez sur l'endroit. Formez bien les angles avec un crayon pas trop pointu ou une grosse aiguille à tricoter et repassez.

3 Pour assembler le « pied de col » au « col », superposez dans cet ordre : le dessous de pied de col, endroit (arrondi vers le haut) contre endroit avec le col pointes vers le bas (en partie cousu à l'étape 1), puis le dessus du pied de col envers visible vers vous. Faites bien coïncider le milieu et les extrémités du « col » et du « pied de col ». Épinglez, puis piquez le long du col et des extrémités arrondies du pied de col. On obtient le col assemblé au pied de col.

4 Coupez avec des ciseaux cranteurs le surplus de tissu à 0,5 cm de la couture que vous venez de faire. Retournez le pied de col sur l'endroit.

5 Pour finir le bas du « pied de col », rabattez vers l'intérieur les bords non cousus tout le long du bas du « pied de col » et cousez au point invisible.

6 Cousez le bouton et, en dessous, cousez les boutons-pressions en vis-à-vis sur les 2 extrémités du « pied de col ». Décorez avec les éléments décoratifs thermocollants ou à griffes selon le modèle choisi.

LA LAVALLIÈRE

1 Superposez les 2 formes du tissu B endroit contre endroit, épinglez et cousez tout autour en laissant 8 cm non cousus au niveau de la partie centrale.

2 Coupez avec des ciseaux cranteurs le surplus de tissu à 0,5 cm de la couture que vous venez de faire et retournez sur l'endroit. Formez bien les angles avec un crayon pas trop pointu ou une grosse aiguille à tricoter et repassez.

3 Rabattez vers l'intérieur les 2 parties non cousues sur 8 cm et cousez au point invisible.

ASTUCE

Vous n'êtes pas obligée d'exécuter la lavallière car le col peut être également porté sans.

LE COL ONDINE

PEP'S

MODELE 1 MES EMPLETTES

• A

30 x 50 cm de coton vert tendre à pois blancs

• B

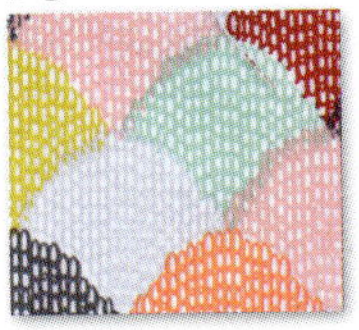

30 x 50 cm de coton imprimé multicolore

• 2 x 30 cm de cordon rose fluo

PORCELAINE

MODELE 2 MES EMPLETTES

• A

30 x 50 cm de toile de Jouy bleue

• B

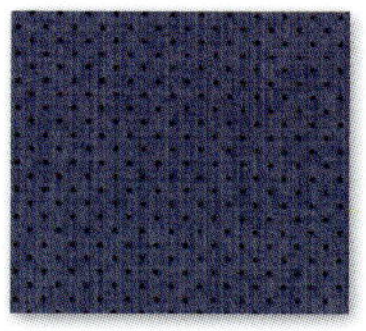

30 x 50 cm de denim à pois noirs

• 2 x 30 cm de cordon bleu ciel à étoiles grises

SO BRITISH !

MODELE 3

MES EMPLETTES

• A

30 x 50 cm de tweed rouge

• B

30 x 50 cm de coton imprimé renard

• 2 x 30 cm de ruban velours ocre

PETIT MATERIEL

Ciseaux droits, ciseaux cranteurs, aiguille et fil à coudre, craie pour tissu, crayon et papier pour le gabarit et fer à repasser.

PAS A PAS

LA COUPE

1. Recopiez sur du papier le gabarit (voir page suivante). Découpez la forme.
2. Épinglez le gabarit sur le tissu A, tracez le tour avec la craie et reportez l'emplacement du ruban.
3. Coupez le tissu en laissant 1 cm supplémentaire tout autour, cela vous servira pour la couture.
4. Reproduisez l'opération une 2de fois, toujours avec le tissu A.
5. Procédez 2 fois de la même manière pour le tissu B.

5 Reproduisez ces opérations une nouvelle fois pour la 2de partie du col.

6 Assemblez les 2 parties par un point invisible au centre avant du col.

ASTUCE

Le nœud est prévu pour être à l'arrière du col mais il peut aussi être placé devant. Vous pouvez aussi retourner le col, car il est réversible.

L'ASSEMBLAGE

1 Superposez le tissu A et le tissu B endroit contre endroit, puis épinglez en glissant le ruban dans l'angle indiqué.

2 Cousez tout le tour sauf 8 cm sur le bord arrière de l'encolure.

3 Coupez avec des ciseaux cranteurs le surplus de tissu à 0,5 cm de la couture que vous venez d'effectuer en faisant attention à bien cranter le creux de chaque vague. Retournez le col sur l'endroit. Formez bien les bords et les angles avec un crayon pas trop pointu ou une grosse aiguille à tricoter et repassez.

4 Repliez vers l'intérieur les 2 bords de tissu non cousus et faites à la main un point de couture invisible.

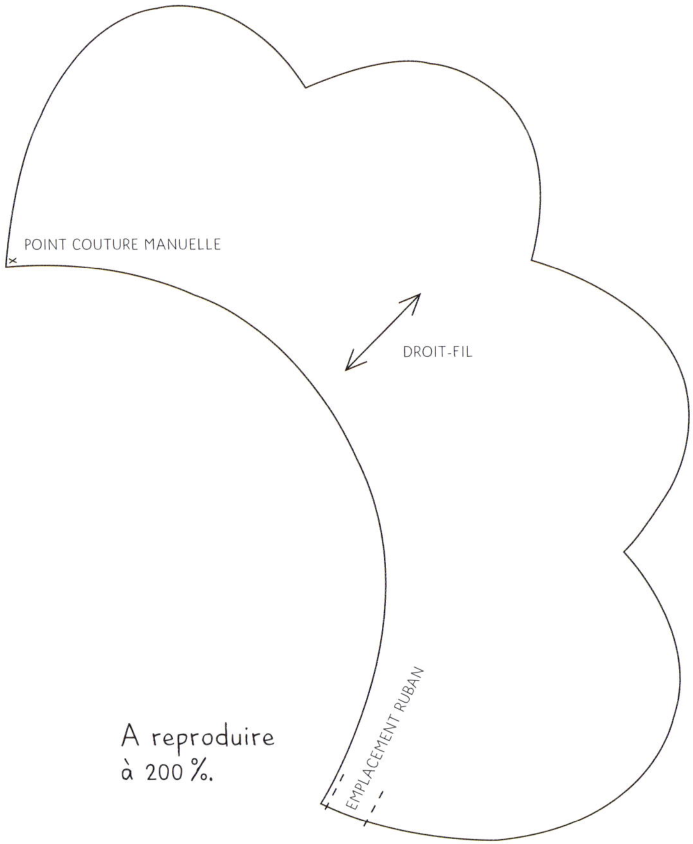

A reproduire à 200 %.

LE COL EPAULETTE

IMPERIAL

MODELE 1 — MES EMPLETTES

• A

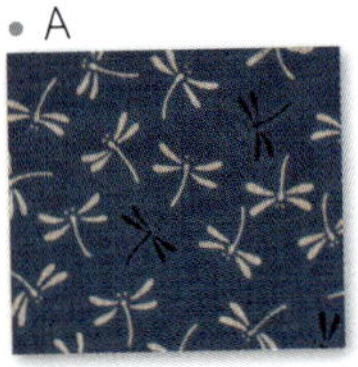

40 x 50 cm de coton bleu canard imprimé libellule

• B

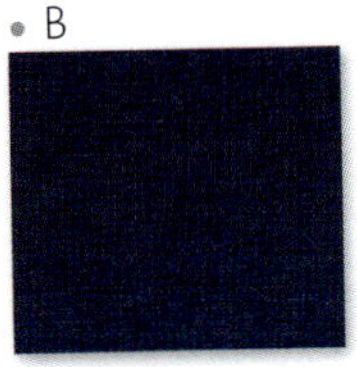

40 x 50 cm de lin bleu canard

- 2 boutons ronds de 1 cm de diamètre
- 2 x 10 cm de fin cordon bleu
- 60 cm de galon doré à franges

FLEUR DE PRINTEMPS

MODELE 2 — MES EMPLETTES

• A

40 x 50 cm de Liberty rouge

• B

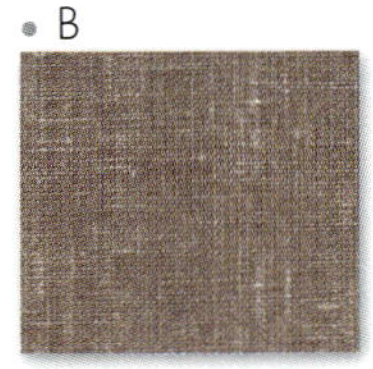

40 x 50 cm de lin gris

- 2 boutons ronds de 1 cm de diamètre
- 2 x 10 cm de fin cordon rose
- 60 cm de galon dentelle rouge

BROCARD D'ARGENT

MODELE 3 — MES EMPLETTES

• A

40 x 50 cm de damassé argenté

• B

40 x 50 cm de satin gris

- 2 boutons boule de 1 cm de diamètre
- 2 x 10 cm de fin cordon argent
- 60 cm de galon argent à franges

PETIT MATERIEL

Ciseaux droits, ciseaux cranteurs, aiguille et fil à coudre, craie pour tissu, crayon et papier pour le gabarit et fer à repasser.

PAS A PAS

LA COUPE

Le col est réalisé en 2 parties qui s'accrochent sur les épaules. Comme il est doublé, il y a 4 formes à découper.

1. Recopiez sur du papier le gabarit en le copiant en miroir depuis la ligne de pliure indiquée pour avoir la forme complète de la face avant du col (voir page 46). Découpez la forme.

2. Épinglez le gabarit sur le tissu A, tracez le tour avec la craie et reportez l'emplacement des cordons. Coupez le tissu en laissant 1 cm supplémentaire tout autour, cela vous servira pour la couture. Reproduisez l'opération une 2de fois, toujours avec le tissu A, pour obtenir la face arrière du col.

3. Procédez 2 fois de la même manière avec le tissu B pour obtenir la doublure du col.

4. Coupez les 60 cm de galon en deux.

L'ASSEMBLAGE

1 On commence en assemblant les formes de tissu A. Superposez les 2 faces du col endroit contre endroit, épinglez et cousez les épaules sur 8,5 cm en partant du bord externe (voir repère T sur le gabarit). Il restera 6 cm jusqu'au cou non cousus ensemble. Retournez votre montage sur l'endroit. Procédez de la même manière pour le tissu B. Vous obtenez une forme de col entier (comme un grand anneau) en tissu A et une forme de col entier en tissu B (la doublure).

2 Pour assembler les 2 morceaux de col (tissu A et tissu B), on va effectuer une couture sur les envers, sur tout le bas du col, en intégrant la pose des franges. Posez à plat sur la table, le col en tissu A endroit vers vous, puis le galon à franges (franges vers l'intérieur du col) selon les repères indiqués sur le gabarit, et enfin le col en tissu B envers vers vous. Épinglez tout le pourtour extérieur en prenant ces 3 épaisseurs.

3 Cousez tout le pourtour extérieur (pour les modèles 1 et 3, attention à bien positionner les franges à l'intérieur pour ne pas les prendre dans la couture). Les 2 faces du col sont maintenant cousues ensemble par le bas.

4 Coupez avec des ciseaux cranteurs le surplus de tissu à 0,5 cm des coutures que vous venez de faire. Crantez les courbes et les creux le long des épaulettes avec des ciseaux. Retournez le col sur l'endroit et repassez.

LES FINITIONS

1 Cette étape permet de finir les ouvertures de chaque côté du cou.
Au niveau de la face avant du col, sur l'épaule droite, à l'endroit des 6 cm non cousus lors de l'étape 1, repliez vers l'intérieur les bords des tissus A et B. Glissez et épinglez un cordon pour faire la boutonnière à l'endroit indiqué sur le gabarit, puis cousez. Procédez de la même manière sur le côté épaule gauche, toujours sur la face avant du col.

2 Au niveau de la face arrière du col, sur l'épaule droite, à l'endroit des 6 cm non cousus lors de l'étape 1, repliez vers l'intérieur les bords des tissus A et B, puis cousez. Procédez de la même manière sur le côté épaule gauche, toujours sur la face arrière du col.

3 Cousez un bouton sur chaque épaule (face arrière) en vis-à-vis des cordons.

4 Au niveau de l'encolure, repliez vers l'intérieur les 2 bords de tissu non cousus sur la face avant du col et faites à la main un point de couture invisible.

5 Procédez de la même manière sur la face arrière du col.

LE COL COLLIER

ST GERMAIN DES PRES

MODELE 1 — MES EMPLETTES

- A

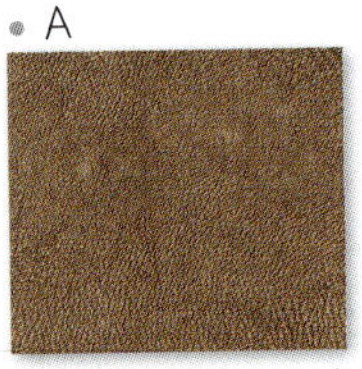

15 x 30 cm de simili cuir bronze

- B

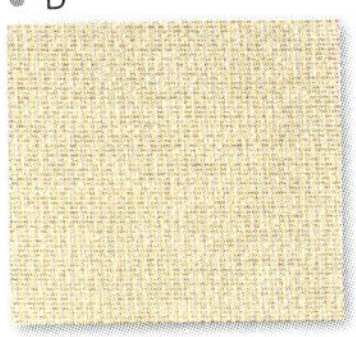

20 x 30 cm de tulle doré

- 30 cm de chaîne vieil or
- 1 système d'attache pour chaîne
- 5 strass bronze à coller

AVENUE MONTAIGNE

MODELE 2 — MES EMPLETTES

- A

15 x 30 cm de cuir d'agneau marine

- B

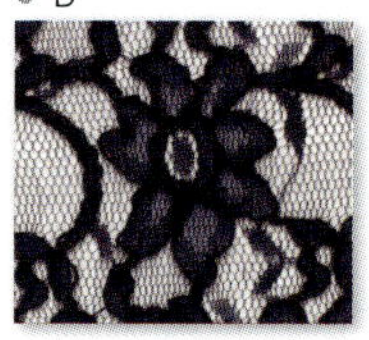

20 x 30 cm de dentelle marine

- 30 cm de chaîne à strass rouges
- 1 système d'attache pour chaîne
- 7 strass rouges à coller

PLACE DE LA BASTILLE

MODELE 3

MES EMPLETTES

• A

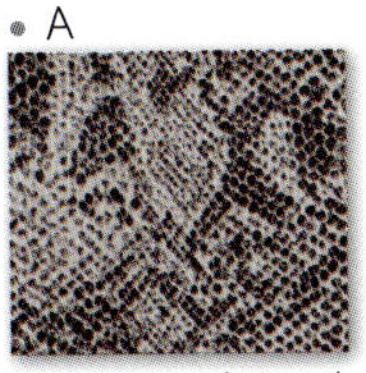

15 x 30 cm de simili cuir serpent gris clair

• B

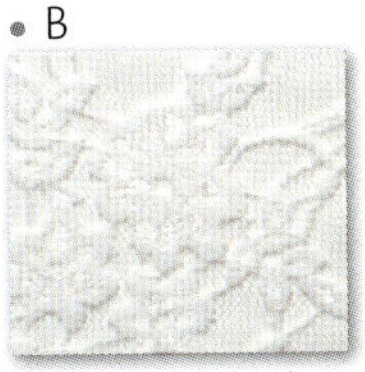

20 x 30 cm de dentelle blanche

- 30 cm de chaîne argent
- 1 système d'attache pour chaîne
- 14 perles nacrées à coudre

PETIT MATERIEL

Colle textile, ciseaux droits, ciseaux cranteurs, aiguille et fil à coudre, craie pour tissu, crayon et papier pour le gabarit.

PAS A PAS

LA COUPE

1. Recopiez sur du papier les gabarits n° 1 et n° 2 en les copiant en miroir depuis les lignes de pliure indiquées pour avoir la forme complète du col (voir page suivante). Découpez les formes.

2. Reportez le gabarit n° 1 sur le tissu A et tracez le tour avec la craie. Renouvellez l'opération une 2de fois.

3. Coupez le tissu A avec des ciseaux droits à l'exception du bas que vous couperez avec des ciseaux cranteurs. Renouvellez l'opération une 2de fois.

4. Procédez de la même manière avec le gabarit n° 2 sur le tissu B, puis coupez uniquement avec des ciseaux droits.

3. Collez ou cousez à la main les strass ou les perles (selon le modèle choisi) sur la 2de forme de tissu A.

4. Collez-la ensuite sur le tissu B de l'ensemble obtenu précédemment.

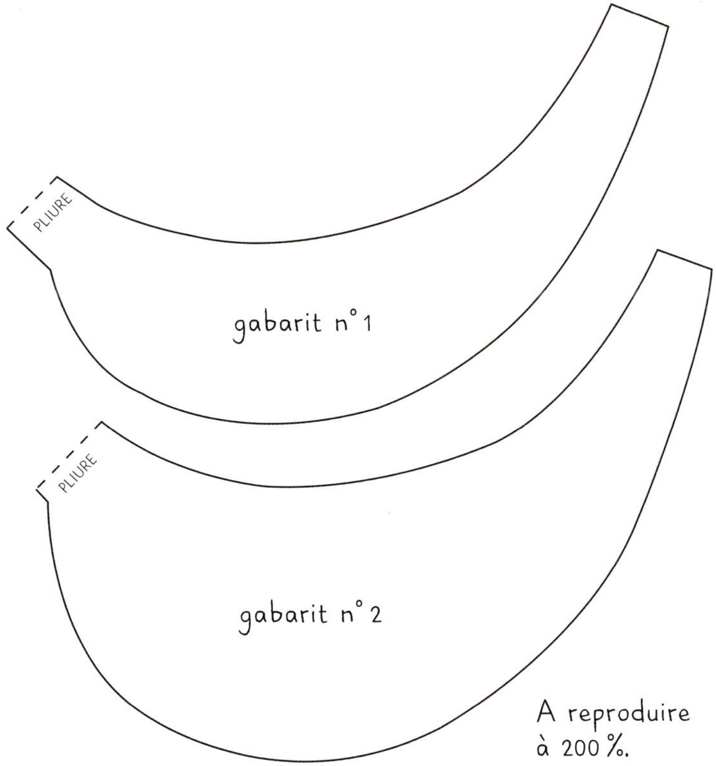

A reproduire à 200 %.

L'ASSEMBLAGE

1. Coupez la chaîne en 2 et assemblez chaque morceau à son attache. La longueur finale fait environ 25 cm, mais ajustez-la à la longueur qui vous plaît le plus.

2. Superposez le tissu A et le tissu B, puis collez les 2 morceaux de tissus de chaque côté en recouvrant l'attache. Pressez bien et laissez sécher.

LE COL MARIN

EMBRUNS

MODELE 1 — MES EMPLETTES

- A

50 x 60 cm de coton imprimé toile à matelas

- B

50 x 60 cm de coton blanc à pois gris

- 2 x 30 cm de ruban gris clair
- 1 m de galon pailleté gris mat

MERS DU SUD

MODELE 2 — MES EMPLETTES

- A

50 x 60 cm de Liberty turquoise

- B

50 x 60 cm de coton vert turquoise à étoiles

- 2 x 30 cm de ruban turquoise
- 1 m de galon pailleté vert d'eau

REGATE

MODELE 3

MES EMPLETTES

• A

50 x 60 cm de crêpe viscose marine

• B

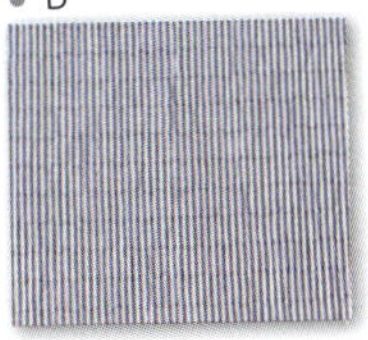

50 x 60 cm de coton rayé bleu

- 2 x 30 cm de ruban marine
- 1 m de galon pailleté marine

PETIT MATERIEL

Ciseaux droits, ciseaux cranteurs, aiguille et fil à coudre, craie pour tissu, crayon et papier pour le gabarit et fer à repasser.

PAS A PAS

LA COUPE

1. Recopiez sur du papier les gabarits n° 1 et n° 2 en les copiant en miroir depuis les lignes de pliure indiquées et en les assemblant aux repères A et B pour avoir la forme complète du col (voir page 46). Découpez les formes.

2. Épinglez le gabarit sur le tissu A, tracez le tour avec la craie et reportez l'emplacement des rubans.

3. Coupez le tissu en laissant 1 cm supplémentaire tout autour, cela vous servira pour la couture.

4. Procédez de la même manière pour le tissu B.

L'ASSEMBLAGE

1 Epinglez les 2 rangées de galon pailleté sur l'endroit du tissu A aux emplacements indiqués sur le gabarit n° 1, puis cousez.

2 Superposez les tissus A et B endroit contre endroit.

3 Épinglez les 2 tissus. Glissez tout le ruban (sauf 1,5 cm) aux 2 emplacements indiqués sur le gabarit n° 2. Pour être sûre de ne pas prendre malencontreusement la longueur de ruban dans une couture, enroulez-la sur elle-même et maintenez-la épinglée le temps de coudre.

4 Cousez tout le tour sauf 8 cm sur un côté.

5 Coupez avec des ciseaux cranteurs le surplus de tissu à 0,5 cm de la couture que vous venez de faire et retournez le col sur l'endroit. Formez bien les bords et les angles avec un crayon pas trop pointu ou une grosse aiguille à tricoter et repassez.

6 Repliez vers l'intérieur les 2 bords de tissu non cousus et faites à la main un point de couture invisible.

GABARITS à reproduire à 200 %.

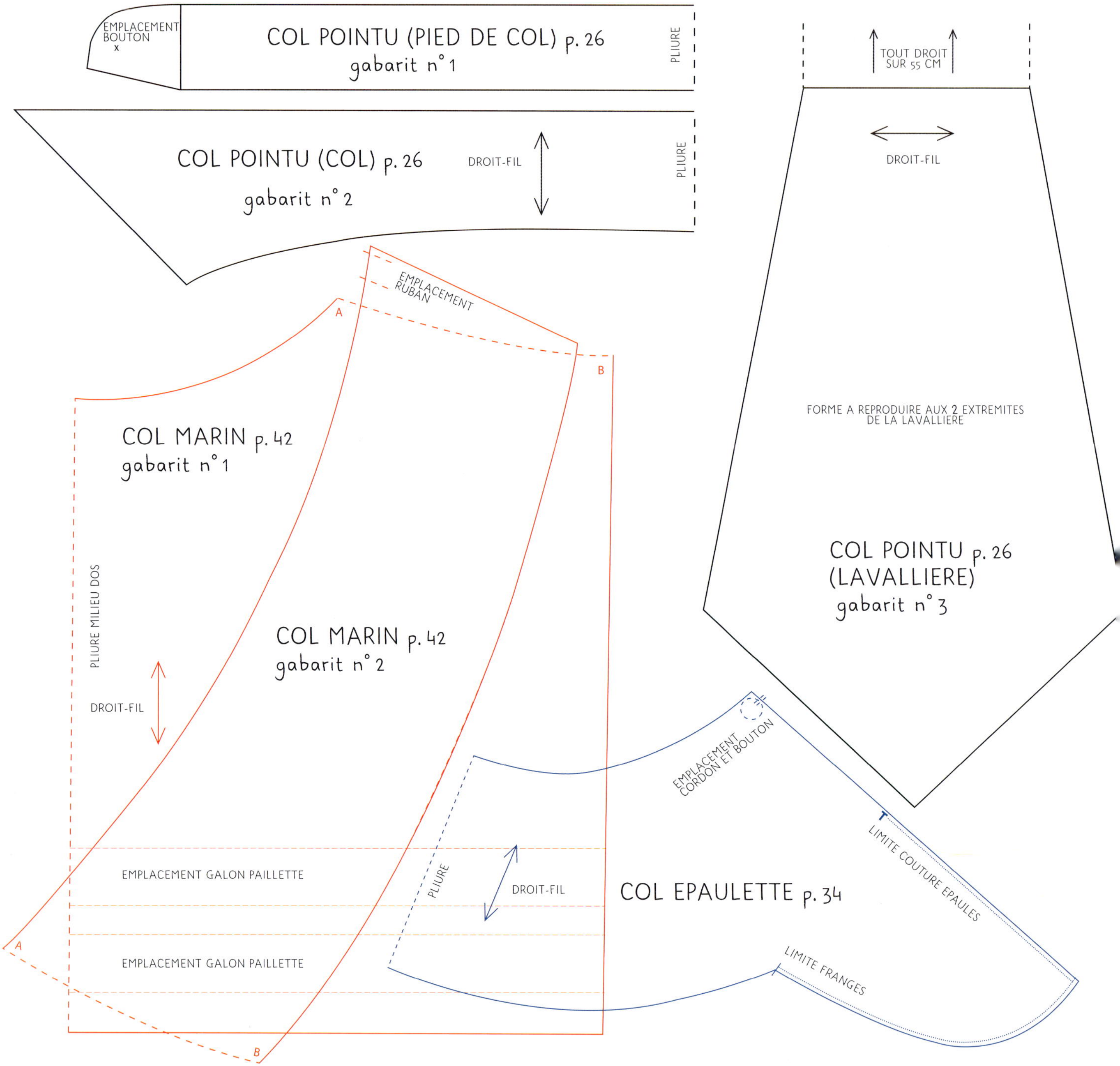

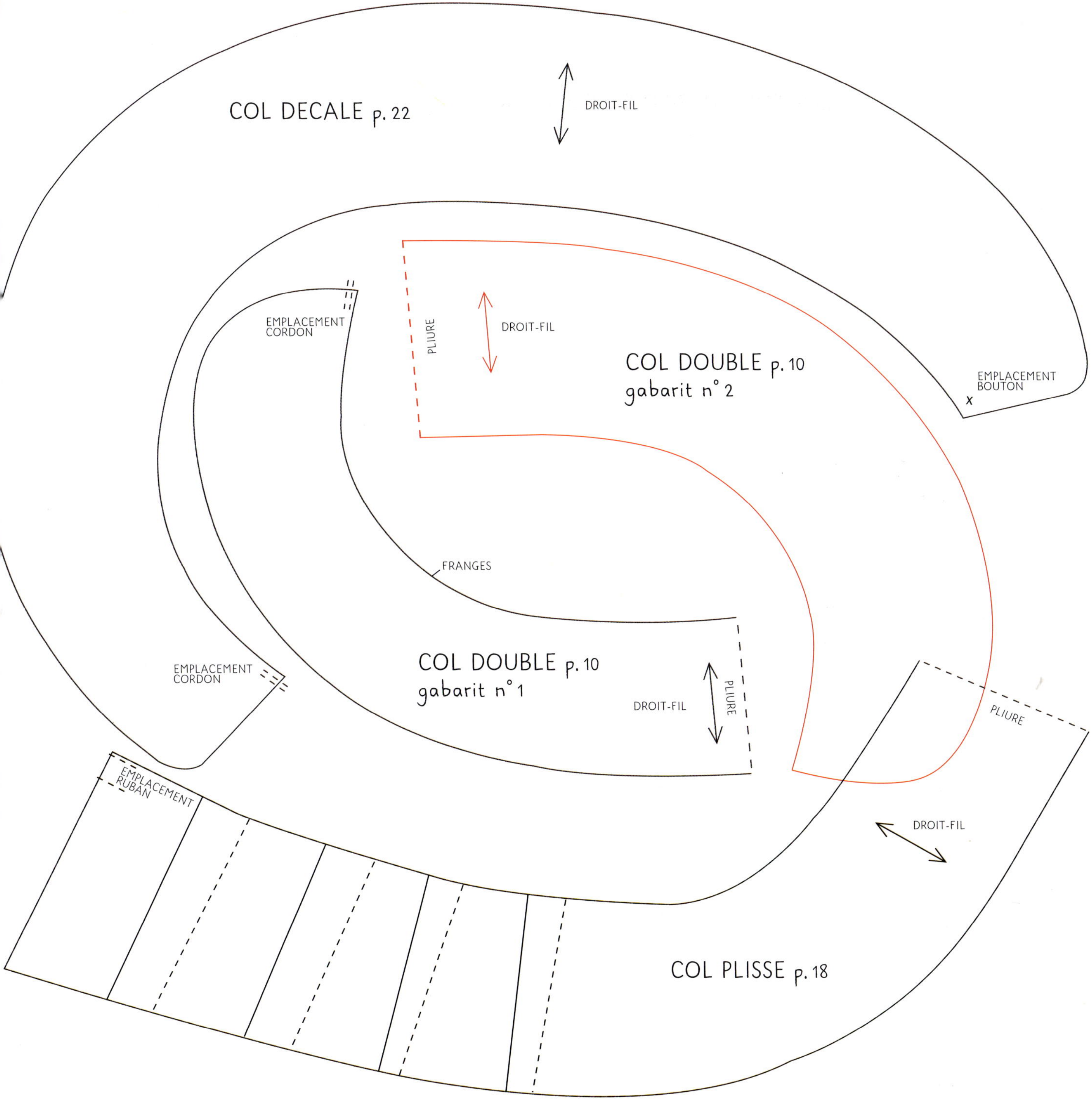
COL DECALE p. 22
DROIT-FIL
EMPLACEMENT BOUTON
PLIURE
DROIT-FIL
COL DOUBLE p. 10
gabarit n° 2
EMPLACEMENT CORDON
FRANGES
EMPLACEMENT CORDON
COL DOUBLE p. 10
gabarit n° 1
DROIT-FIL
PLIURE
PLIURE
DROIT-FIL
EMPLACEMENT RUBAN
COL PLISSE p. 18

TABLE DES MATIERES

A mes jolies Maya et Juliette.
A Fred toujours.
A Jeanne ma grand-mère.
A Colette bien sûr !

Merci à Anne-Sophie Pawlas pour m'avoir confié ce joli projet. Merci à Claire et Sonia pour ces belles photos. Merci à Céline pour la belle maquette. Merci à Linna Morata (www.linnamorata.com), France Duval-Stalla (www.franceduvalstalla.com), Motif personnel (www.motifpersonnel.com) et Ma petite mercerie (www.mapetitemercerie.com).

Direction éditoriale : Anne-Sophie Pawlas – Relecture : Carine Merlin
Conception graphique et réalisation : Céline Julien – Couverture : Céline Julien
Photographies : Claire Curt – Stylisme : Sonia Roy – Illustrations : Amélie Biggs
Fabrication : Géraldine Boilley-Hautbois, Louise Martinez Photogravure : Quadri Offset

 – ISBN : 978-2-299-00228-6 – Dépôt légal : avril 2014.
Le Temps Apprivoisé – 7, rue des Canettes – 75006 Paris – http://www.letempsapprivoise.fr

Achevé d'imprimer en Malaisie par Tien Wah Press en février 2014.